놀면서 저절로 알게 되는
어린이 코딩 개념

Coding Concepts For Kids

놀면서 저절로 알게 되는

어린이 코딩 개념

컴퓨터 없이도 술술 깨치는 코딩 원리

랜디 린 지음 | 권보라 옮김

유엑스리뷰

이 책을 쓰도록 아낌없는 응원을 보내 준 나의 아내,
늘 아빠에게 인정받기 위해 노력하는 아들 다니엘, 그리고 특유의 창의력과
유머 감각으로 나에게 많은 영감을 가져다주는 딸 줄리아에게
감사를 전합니다.

코딩을 비롯한 어떤 방법으로든 새로운 것을 만들고 싶은
모든 어린이에게 이 책을 바칩니다.
이 세상의 주인은 바로 여러분입니다.
더 나은 세상을 만들어 봅시다.

차례

안녕, 코더!	7
놀라운 알고리즘	13
수많은 루프	25
창의적인 조건문	37
만점짜리 최적화	47
즐거운 디버깅	57
가장 중요한 변수	67
정답 및 해설	78
코딩 용어 사전	81
참고 자료 : 코딩합시다!	82

안녕, 코더!

여러분은 컴퓨터를 좋아하나요? 아마 게임을 하거나 그림을 그리거나, 동영상을 보거나 동화책을 읽거나, 음악을 듣는 데 사용할 거예요. 컴퓨터는 이처럼 재미있는 물건인데, 더 놀라운 것은 창의력을 발휘하여 완전히 새로운 것을 발명할 수도 있습니다. 이것이 바로 코딩이에요.

코딩을 배우는 과정은 글쓰기를 배우는 과정과 비슷합니다. 한글을 배우기도 전에 책 한 권을 쓸 수 있을까요? 물론 컴퓨터로 코딩하는 방법을 배울 수 있습니다. 하지만 컴퓨터 없이 시작하는 것도 좋은 방법입니다. 왜냐하면 훌륭한 코더*는 먼저 특별한 생각을 하기 때문이죠.

이 책은 코딩을 배우는 어린이들이 알아야 할 것들을 알려 줍니다. 그리고 함께 풀어 볼 코딩 퍼즐도 다양합니다. 책을 펼쳐 연필로 쓰면서 따라와 보세요. 반드시 직접 써 보기를 바랍니다. 친구들이나 가족과 함께하는 활동도 준비되어 있습니다. 물론 직접 코딩 게임을 만들어 보는 것도 좋겠죠.

*Coder, 코딩하는 사람을 이르는 말

코더 팀을 소개합니다

축하합니다!

여러분은 이제 코드를 사용하여 문제를 해결하는 코더 팀의 새로운 멤버가 되었습니다. 코더 팀은 여러분의 모든 길을 함께합니다.

엘: 한 단계, 한 단계 풀어야 할 아이디어가 필요할 때는 엘에게 물어보세요. 엘은 아무리 어려운 문제도 단순하게 만드는 능력이 뛰어납니다.

로: 우리 팀의 문제 해결사입니다. 최고의 해결책을 찾기 위해 어떻게 문제에 접근해야 하는지를 알고 있지요.

픽셀: 우리 팀의 창의력 전문가입니다. 여러 가지 다양한 해결책이 필요하다면 픽셀을 찾으세요. 단, 픽셀은 자신을 '픽시'라고 잘못 부르는 것을 싫어한답니다. 조심하세요!

여러분의 얼굴을 그려 보세요.

이름:

버그: 우리 팀의 막내이지만, 특별한 능력이 있습니다. 바로 패턴을 찾아내고 코드의 실수를 예리하게 발견한답니다.

로봇 강아지 스폿: 우리 팀의 로봇 강아지입니다. 팀에 충성을 다하며 여러 문제에 뛰어들어요.

여러분의 특기는 무엇인가요?

그래서 코딩이 뭔데?

코딩하는 사람을 '코더' 또는 '컴퓨터 프로그래머'라고 부르기도 해.

컴퓨터는 다양한 일을 할 수 있는 강력한 도구입니다. 컴퓨터는 인간의 두뇌와 비슷한 부분이 있죠. 바로 숫자와 단어 등의 정보를 처리하는 데 무척 뛰어나다는 것이에요. 그러나 겉으로 보기에 똑똑해 보이지만, 사실 스스로 생각하는 능력은 없습니다. 그래서 코더의 역할이 중요합니다. 코더는 명령 혹은 코드를 작성하여 컴퓨터가 할 일을 지시합니다. 이러한 명령을 프로그램 또는 앱이라고 부르죠. 컴퓨터는 코드가 없으면 아무 쓸모가 없습니다.

간단한 앱은 단 몇 줄의 코드로도 만들 수 있습니다. 하지만 대부분은 수천, 수백만 줄의 코드로 만들어집니다. 이 코드로 어떤 일을 할 수 있을까요? 여러분이 상상하는 모든 일을 할 수 있습니다. 코드는 새로운 것을 발명하는 데 필요한 도구입니다. 화가에게 붓이 필요하고, 조각가에게 점토가 필요하듯이 또 건축가에게 벽돌이 필요하고, 작가에게 단어가 필요하듯이 말입니다.

코더가 생각하는 방법

코딩을 배우는 것은 두뇌에 새로운 사고방식을 입력하는 것과 같습니다. 즉 문제를 해결할 때나 퍼즐을 풀고 싶을 때, 게임을 할 때, 새로운 아이디어가 떠올랐을 때 코더처럼 생각하는 것입니다. 여러분은 이미 코딩 여행을 떠나는 데 필요한 기술을 갖추었답니다. 만약 그렇지 않더라도 걱정하지 마세요. 처음에는 코더처럼 생각하기 어려울지 몰라도 어느새 능력이 생길 테니까요. 자, 이제 그 정보를 드릴게요.

작은 문제로 나누어 생각하기

어떤 문제가 어려워 보인다면 너무 큰 문제처럼 생각해서일지도 몰라요. 코더는 큰 문제를 작은 문제들로 나누어 하나씩 해결할 수 있도록 돕습니다. 이 방법은 코딩뿐만 아니라 다양한 분야에도 활용할 수 있는 훌륭한 기술이죠.

두발자전거를 타는 연습을 한다고 생각해 볼게요. 이 도전 과제를 어떻게 나누어 생각할 수 있을까요? 아직 잘 타지도 못하는데 바로 보조 바퀴를 떼어 버리지는 않을 겁니다. 대신 기본적인 기술들을 하나씩 익혀 나가겠지요. 중심을 잡고, 브레이크 사용법을 익힌 다음, 페달을 밟으면서 서서히 보조 바퀴 없이 자전거를 타게 됩니다.

두발자전거 타기는 하나의 기술일 뿐이지만 그 속에서는 여러 가지 '부분'들이 함께 작용합니다. 코딩 문제가 너무 어렵게 느껴진다면, 문제를 작은 문제로 나누고 한 번에 하나씩 해결해 보세요.

패턴 찾기

패턴이란 계속해서 반복되는 것을 말합니다. 우리 주변을 살펴보면 패턴이 많이 있습니다. 옷에는 주로 줄무늬, 물방울무늬, 지그재그무늬를 사용하죠. 이들은 패턴의 한 종류입니다. 또 여러분이 아침마다 따르는 패턴도 있습니다. 일어나서 옷을 입고, 아침을 먹고 이를 닦는 것도 패턴인 셈이죠. 패턴은 아주 강력한 힘을 지녔기 때문에 코더는 어디에서든 패턴을 찾습니다.

우리 생활 속에는 어떤 패턴이 숨어 있을까?

논리적인 생각

코더는 문제를 해결하기 위해 논리를 사용합니다. 논리가 무엇일까요? 생각하는 방법입니다. 문제를 잘 해결하는 사람은 다양한 방법을 떠올리고 그중 가장 적절한 해답을 찾죠. 여러분이 만약 새로운 책을 처음 읽는다면 마지막 장부터 읽어도 될까요? 물론 그렇게 하지 말라는 법은 없지만, 그다지 논리적인 행동은 아닐 겁니다.

우리 생활 속에도 코딩과 같이 풀 수 있는 여러 가지 방법이 존재합니다. 다만 어떤 방법이 다른 방법보다 더 논리적이기 때문에 더 낫다고 판단하는 거지요.

코더 팀 규칙

창의적으로 생각하기. 문제를 해결하고 새로운 아이디어를 떠올리기 위해 상상력을 키우세요.

꿈을 크게 갖기. 나이가 어리다고 세상을 바꾸지 못하는 것은 아니에요. 꿈을 꾸세요.

끊임없이 배우기. 매일 새로운 것을 배워 보세요. 자신도 모르는 사이에 전문가가 되어 있을 거예요.

아이디어를 공유하기. 혼자서 하는 코딩도 재미있지만, 친구와 함께하면 더 재미있답니다.

실수를 두려워하지 말기. 실수해도 괜찮아요. 정말로요! 실수한다고 나쁜 코더는 아니에요. 오히려 새로운 아이디어에 도전하는 일이에요.

포기하지 말기. 문제에 부딪혔나요? 계속 도전하세요! 그리고 언제든지 친구나 가족에게 도움을 요청하세요. 어쨌든, 즐기세요. 즐기기 위해 하는 거니까요!

놀라운 알고리즘

알고리즘은 한 단계 한 단계씩 진행되는 명령의 집합입니다. 코더는 컴퓨터에게 지시를 내리기 위해 이 알고리즘을 사용합니다. 알고리즘의 각 단계는 명확해야 하며 순서에 맞게 작성되어야 하죠. 컴퓨터가 아무리 똑똑하다 해도 스스로 생각하지는 않으니까요.

여러분도 매일 알고리즘을 사용하고 있다는 사실을 아시나요? 손을 씻을 때를 생각해 볼게요. 비누를 묻히고 물로 헹군 다음 수건으로 닦죠. 레시피를 보고 쿠키를 만들기도 하고, 길을 건너기 전에는 좌우를 살피지요. 이런 것들도 알고리즘의 일부랍니다.

훌륭한 알고리즘 만들기
1. 모든 단계를 빠짐없이 작성합니다.
2. 올바른 순서로 단계를 배치합니다.
3. 각 단계를 아주 간단하게 만듭니다.

주문 들어왔습니다!

달콤한 코드

▶ 로가 가장 좋아하는 음식을 먹을 수 있도록 다음 알고리즘을 따라가세요.

로가 가장 좋아하는 음식은 무엇일까요?

코더는 코드의 각 단계를 '명령'이라고 불러. 화살표 ➡는 오른쪽으로 한 칸 이동하라는 뜻이야.

카우보이가 될 테야!

▶ 이런! 엘이 카우보이모자를 잃어버렸어요. 엘이 모자를 찾을 수 있도록 알고리즘을 작성해 보세요. 위, 아래, 왼쪽, 오른쪽 화살표를 사용합니다.

방향키 :

- ⬆ = 위로 한 칸 이동
- ⬇ = 아래로 한 칸 이동
- ⬅ = 왼쪽으로 한 칸 이동
- ➡ = 오른쪽으로 한 칸 이동

화살표를 사용하여 알고리즘을 작성해 보세요.

단어 퍼즐

▶ 비밀 메시지를 알아낼 수 있나요? 로와 버그, 스폿을 올바른 단어로 안내하는 알고리즘을 따라가 보세요. 각 단계를 완료할 때마다 알파벳을 쓰세요. 첫 번째 알파벳은 적어 놓았습니다.

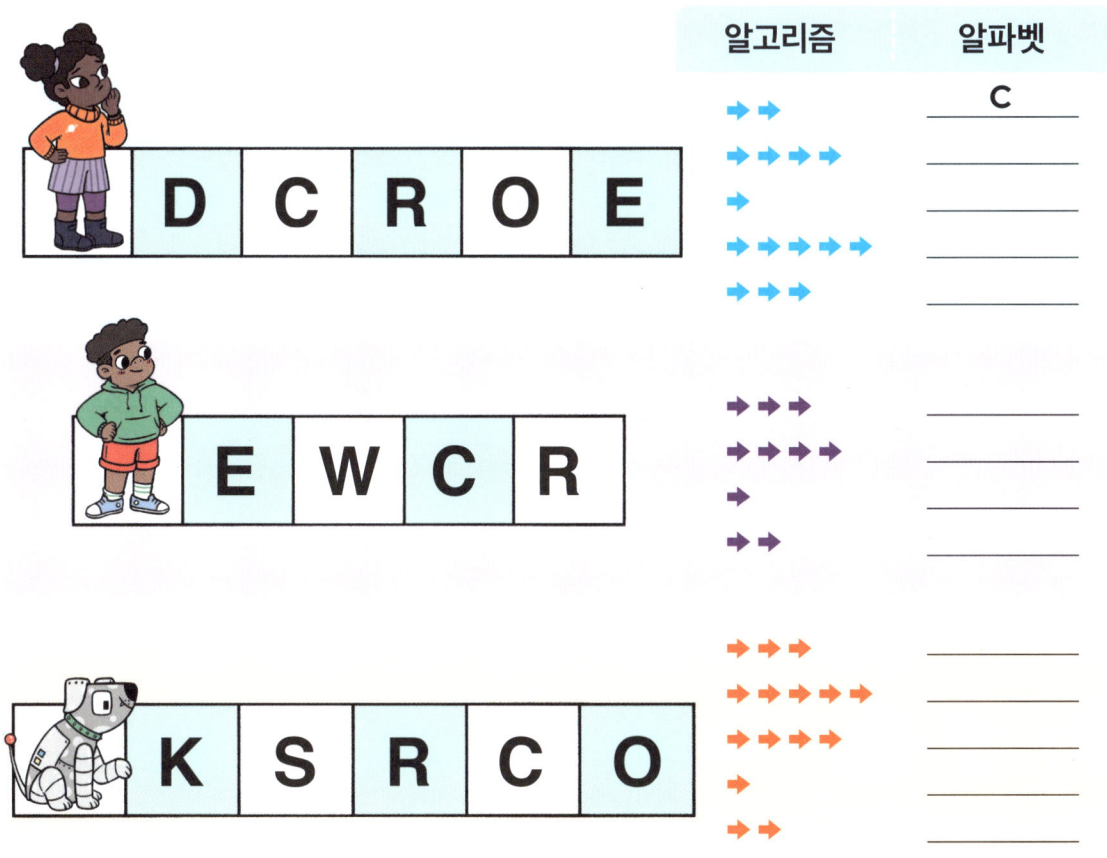

정답

C _ _ _ _   _ _ _ _   _ _ _ _ _ !

(코더 팀은 최고지!)

옷이 엉망이잖아!

▶ 이런! 아침부터 버그의 외출 준비에 문제가 생겼네요. 버그가 옷을 제대로 입을 수 있도록 올바른 알고리즘을 선택해 주세요.

알고리즘 1

바지를 입는다.
셔츠를 입는다.
팬티를 입는다.
러닝셔츠를 입는다.
양말을 신는다.

알고리즘 2

양말을 신는다.
셔츠를 입는다.
러닝셔츠를 입는다.
바지를 입는다.
팬티를 입는다.

알고리즘 3

양말을 신는다.
팬티를 입는다.
바지를 입는다.
러닝셔츠를 입는다.
셔츠를 입는다.

올바른 알고리즘은?

_____

논리적이고 올바른 순서로 코드를 작성하는 것이 가장 중요해. 그렇지 않으면 곤란해질 수 있어.

코드 연결

▶ 버그는 모양과 패턴을 좋아합니다. 버그의 알고리즘을 사용해 점을 연결하여 패턴을 완성해 보세요.

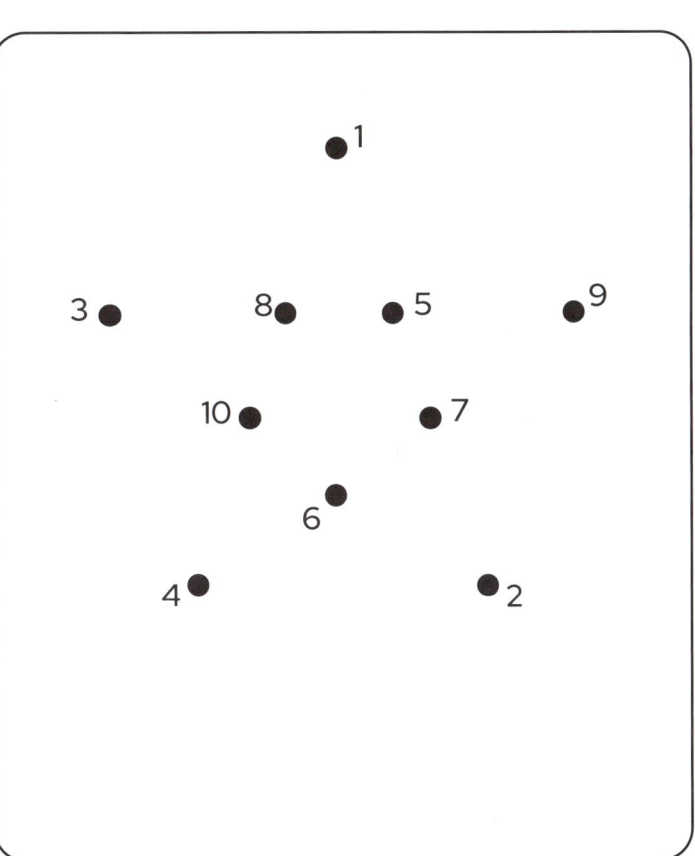

- 1과 5를 연결합니다.
- 5와 9를 연결합니다.
- 9와 7을 연결합니다.
- 7과 2를 연결합니다.
- 2와 6을 연결합니다.
- 6과 4를 연결합니다.
- 4와 10을 연결합니다.
- 10과 3을 연결합니다.
- 3과 8을 연결합니다.
- 8과 1을 연결합니다.

무슨 모양이 보이나요?

보물찾기

▶ 보물찾기는 재미있는 놀이입니다. 알고리즘을 사용하여 해적 친구를 보물이 있는 곳으로 안내해 보세요.

준비물 :

보물이라 생각하는 모든 것

빈 종이 1장

연필이나 펜, 혹은 색연필

순서 카드 (알고리즘을 단계별로 준비한다.)

놀이 방법 :

1. 집이나 마당에 보물을 숨긴다.
2. 빈 종이에 '여기에서 시작'이라고 적은 뒤 친구가 보물찾기를 해야 하는 방향을 화살표로 그린다. 종이를 바닥에 두고 화살표가 올바른 방향을 가리키는지 다시 한 번 확인한다.
3. 이제 알고리즘을 만든다. 각 순서 카드에 화살표(↑, ↓, ←, →)를 그린다. 각 카드는 하나의 단계를 뜻한다. 예를 들어 친구가 앞으로 10걸음을 가게 하려면 ↑ 화살표를 그린 카드 10장이 필요하다.
4. 이제 카드 모음을 친구에게 전달한다. 친구를 '여기에서 시작' 종이 위에 서게 한 다음 보물을 찾는지 확인한다.

게임을 시작하기 전에 알고리즘을 몇 번 시험해 보는 것도 좋아.

고양이 번역기

▶ '고양이 번역기'는 친구와 함께 즐길 수 있는 단어 게임입니다. 이 게임에 '고양이 번역기'라는 이름이 붙은 건 번역된 말이 꼭 고양이가 사용할 법한 말처럼 들리기 때문이랍니다. 단어를 고양이 언어로 번역하는 알고리즘은 다음과 같습니다.

- 단어의 첫 번째 글자를 끝으로 옮긴다.
- '냥'을 추가한다.

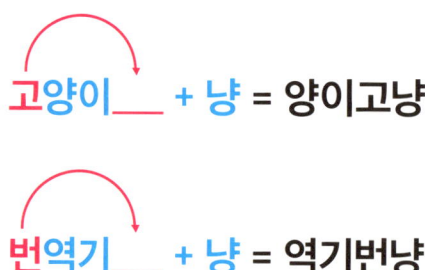

'엄마가 세상에서 제일 좋아.'를 고양이 언어로 번역하면 '마가엄냥 상에서세냥 일제냥 아좋냥.'이 됩니다. 친구에게 보낼 메시지를 작성한 후 고양이 언어로 바꾸는 위의 알고리즘을 사용해 보세요.

레벨 업

▶ 이제 여러분은 알고리즘이 무엇인지 알았으니, 여러분만의 알고리즘을 아래 빈칸에 작성해 보세요. 예를 들어 눈사람이나 집과 같이 간단한 그림을 그리는 알고리즘을 작성해 보세요. 그리고 친구에게 알고리즘을 사용하도록 하세요. 친구가 여러분이 의도한 대로 그림을 그렸나요?

다른 알고리즘도 만들어 보세요.

수많은 루프

코더는 무언가를 반복하고 싶을 때 루프를 사용합니다. 예를 들어 로봇을 앞으로 100걸음 걷게 하고 싶다고 생각해 볼게요. '앞으로 걷기'를 100회 적으려면 얼마나 오래 걸릴까요? 코더는 그렇게 하는 대신 명령을 루프 안에 넣어 몇 걸음이나 반복해서 걸으면 되는지 컴퓨터에게 알려 줍니다. 이것을 유한 루프라고 하죠. 로봇이 100걸음 앞으로 걷게 하려면 다음과 같이 만듭니다.

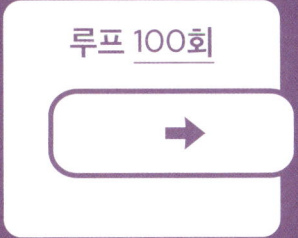

로봇은 앞으로 100걸음을 이동한 뒤 멈출 것입니다. 만약 로봇을 계속해서 걷게 하고 싶다면 반복이 멈추지 않게 만들면 됩니다. 이것을 무한 루프라고 부릅니다.

무한 페퍼로니

코드 달리기

▶ 버그와 스폿이 달리기 시합 중이에요. 버그는 한 걸음을 9회 반복하는 루프를 사용했습니다. 스폿은 두 걸음을 4회 반복하는 루프를 사용했네요. 누가 결승선에 도착할까요?

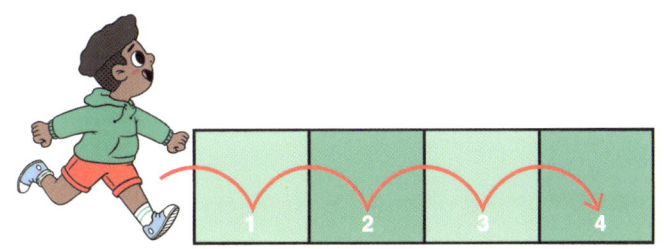

누가 결승선에 도착했나요?

루프 속 말장난

▶ 루프를 사용해서 말장난을 써 보세요. 이 말장난을 모두 쓰려면 몇 개의 루프가 필요할까요?

보기

똑똑.
누구세요?
또치입니다.
또치가 누구입니까?
똑똑.
누구세요?
또치입니다.
또치가 누구입니까?
똑똑.
누구세요?
또치입니다.
또치가 누구입니까?
똑똑.
누구세요?
둘리입니다.
둘리가 누구입니까?
또 또치라고 했다간 가만둘 리 없잖아.

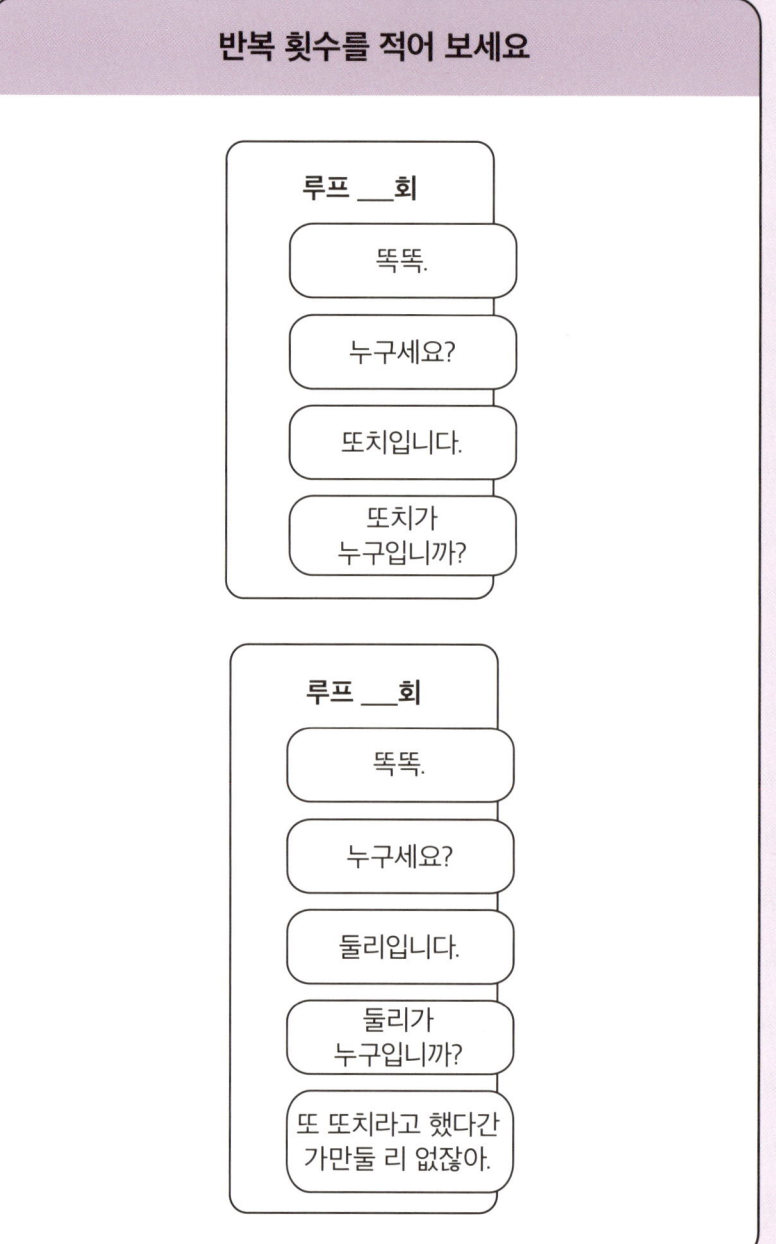

장난감 찾기

▶ 강아지 로봇 스폿을 도와주세요. 아래 알고리즘을 완성해 스폿이 장난감을 모두 찾는 데 몇 번의 루프가 필요한지 알려 주세요.

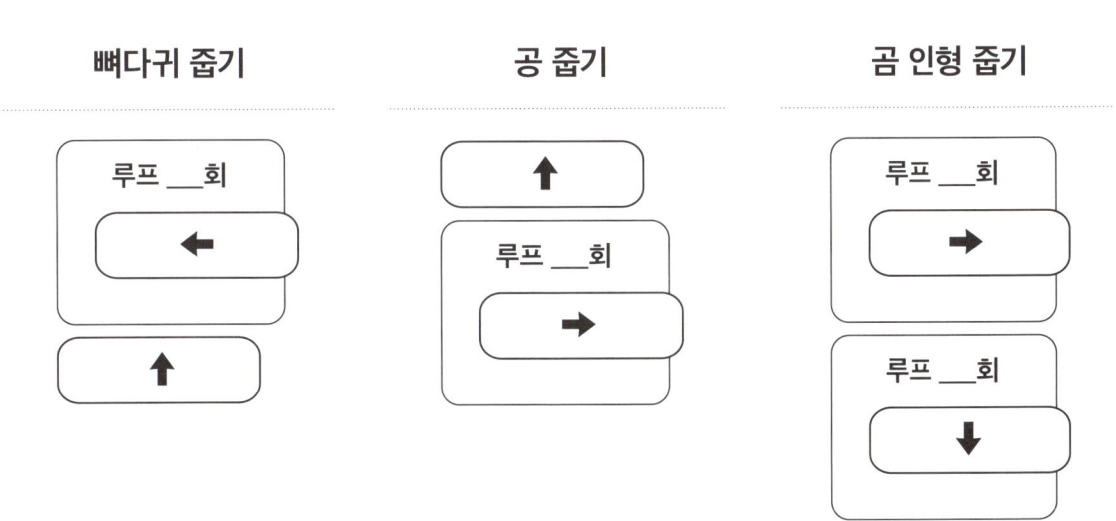

뼈다귀 줍기 · 공 줍기 · 곰 인형 줍기

잔디 깎기 루프

▶ 날이 덥네요! 엘이 레모네이드를 마실 수 있도록 잔디를 깎는 것을 도와주세요. 각 루프가 몇 번 반복되는지 적어 보세요.

반복되는 신호등

▶ 아마도 여러분은 루프가 몇 번만 반복되고 멈추기를 바랄 거예요. 하지만 어떤 경우에 루프는 무한히 반복됩니다. 예를 들면 신호등 같은 것이죠. 신호등은 정지(빨강), 주의(노랑), 주행(초록)을 반복하는 패턴입니다. 이 패턴을 아래 알고리즘에 색깔로 칠해 보세요.

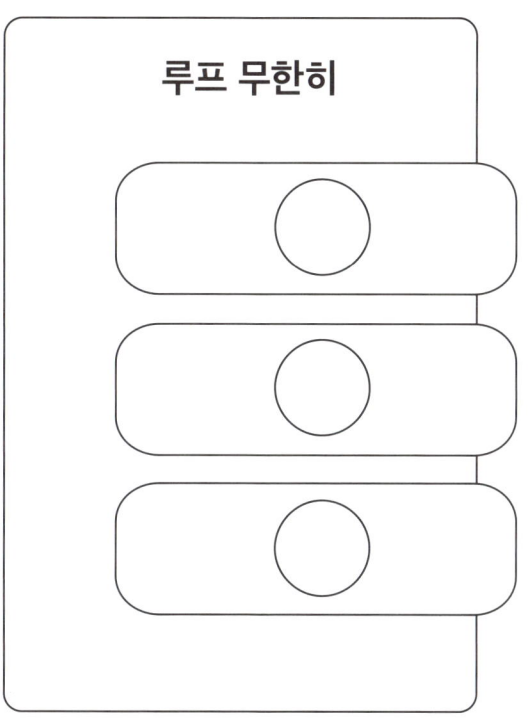

왜 신호등은 무한히 반복되어야 할까요?

리듬을 타는 알고리즘

▶ 드럼 패턴은 음악 알고리즘 중에서도 특별합니다. 드럼을 사지 않고서도 연주를 할 수 있기 때문이지요. 냄비와 프라이팬이면 충분하답니다!

주방에서 하는 드럼 놀이는 정말 재미있지만, 소리가 커서 남에게 피해를 줄 수 있어. 먼저 부모님에게 허락을 받아야 해. 물론 자는 사람이 있으면 안 돼!

준비물 :

큰 냄비

프라이팬

숟가락 2개

멋진 소리가 나는 것이면 무엇이든

놀이 방법 :

1. 왼쪽에는 냄비, 오른쪽에는 프라이팬을 놓고 앉는다.
2. 냄비와 프라이팬을 숟가락으로 치면서 천천히 넷까지 센다. "하나!"라고 말할 때는 냄비를 치고, "둘!"이라고 말할 때는 프라이팬을 치면서 음악 알고리즘을 따라 한다. 넷까지 했으면 패턴을 처음부터 반복한다. 전체 패턴을 4번 이상 반복한다.

	1	2	3	4
냄비(왼손)	●		●	
프라이팬(오른손)		●		●

3. 이번에는 "셋"을 셀 때 냄비를 두 번 친다. 넷 이후에는 또다시 패턴을 반복한다.

	1	2	3	4
냄비(왼손)	●		●●	
프라이팬(오른손)		●		●

4. 다음 알고리즘도 연주해 보자.

	1	2	3	4
냄비(왼손)	●		●●	
프라이팬(오른손)		●●		●●

5. 이제 나만의 패턴을 만들어서 연주해 보자. 어떤 리듬이 가장 좋을까? 다른 도구로 연주를 하면 소리가 달라질까?

	1	2	3	4

루프 체조

▶ 야외에서 즐길 수 있는 재미있는 놀이를 해 봅시다. 분필과 같이 바닥에 글씨를 쓸 수 있는 도구를 가지고 인도나 차도, 혹은 안전하게 놀 수 있는 곳에 운동 코스를 그려 보아요. 바닥에 운동 이름과 반복 횟수를 적습니다. 4개 이상의 운동을 떠올리고 적어 보세요. 아래 그림의 예를 참고해 보아도 좋습니다.

레벨 업

▶ 이제 루프가 무엇인지 알았으니 여러분만의 아이디어를 아래 빈칸에 작성해 보세요. 멋진 춤 동작을 떠올린 뒤, 각 동작을 몇 회 반복하세요. 반복되는 춤을 적고 친구에게 가르쳐 주세요.

또 다른 루프 아이디어도 작성해 보세요.

창의적인 조건문

조건문이란 어떤 일이 일어났을 때만 발생하는 것을 뜻합니다. 예를 들어, 만약 비가 온다면, 우산을 씁니다. 만약 여러분이 피곤하다면, 침대에 누울 것입니다. 만약 배가 고프다면, 먹겠지요. 패턴이 보이나요? '만약 ____라면, ____하는 것'입니다.

코더는 어떤 일이 먼저 발생한 후에만 일어나는 일을 조건문을 사용해 나타냅니다. 여러분이 '만약 ____라면, ____하다'라는 말에 들어맞는 것을 코딩하고 싶다면 조건문을 사용하면 됩니다.

쿠키의 조건

이모티콘 코드

▶ 조건문을 따라가 보세요. 각 조건문을 보고 참인지 거짓인지 판단합니다. 그리고 코드가 지시하는 것을 해 보세요.

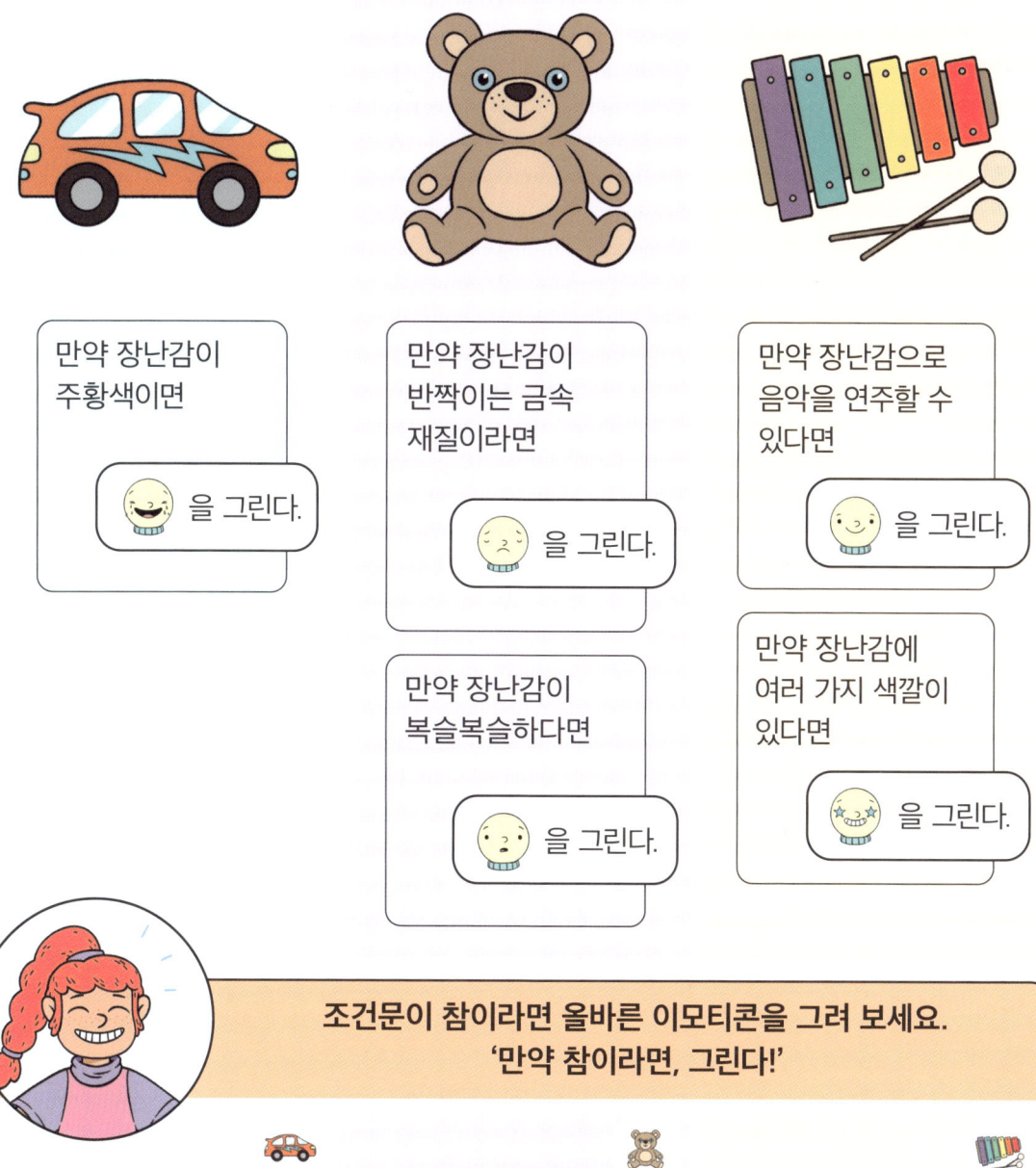

이름 짓기 게임

▶ 조건문을 사용해 동물 친구들에게 이름을 지어 주세요.

만약 동물에 날개가 있다면	만약 동물이 꽥꽥 울면	만약 동물의 목이 길면
이름을 '베키'라고 짓는다.	이름을 '데비'라고 짓는다.	이름을 '게리'라고 짓는다.
만약 동물에 지느러미가 있으면	만약 동물이 으르렁거리면	만약 동물이 두 손을 사용하면
이름을 '프레디'라고 짓는다.	이름을 '래리'라고 짓는다.	이름을 '미나'라고 짓는다.
만약 동물에 줄무늬가 있으면	만약 동물이 음매 하고 울면	만약 동물이 다리가 없으면
이름을 '지크'라고 짓는다.	이름을 '마리나'라고 짓는다.	이름을 '산토'라고 짓는다.

내 이름은 _____   내 이름은 _____   내 이름은 _____

조건에 따라 색칠하기

▶ 미술 시간이에요. 조건문을 사용해서 그림을 색칠해 보세요.

만약 숫자가 1이면 색으로 칠한다.
만약 숫자가 2이면 색으로 칠한다.
만약 숫자가 3이면 색으로 칠한다.
만약 숫자가 4이면 색으로 칠한다.
만약 숫자가 5이면 색으로 칠한다.
만약 숫자가 6이면 색으로 칠한다.

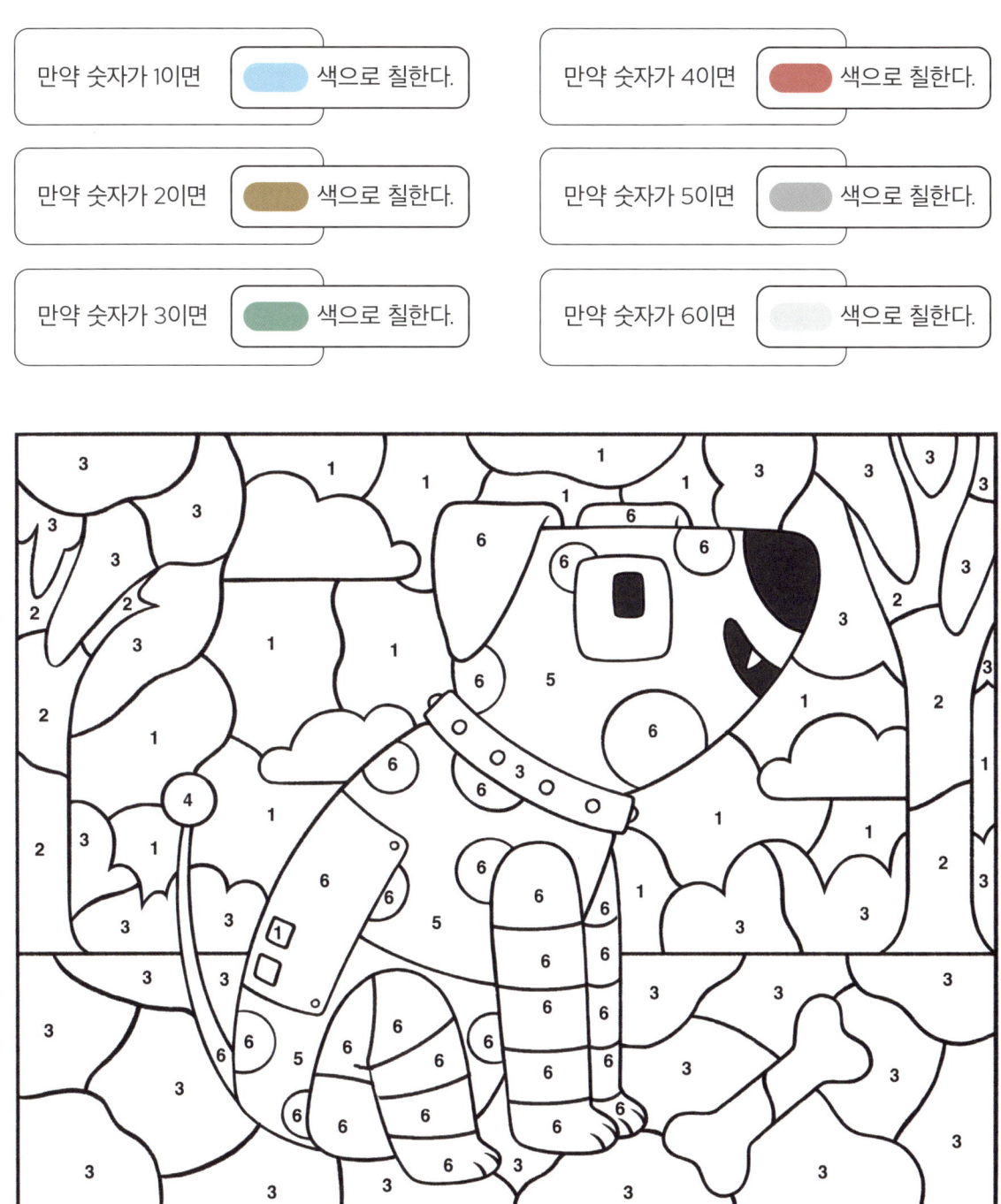

모자 연결하기

▶ 옷 입기 놀이를 해 봅시다. 각 조건문을 보고 역할에 맞는 모자를 선으로 연결해 보세요.

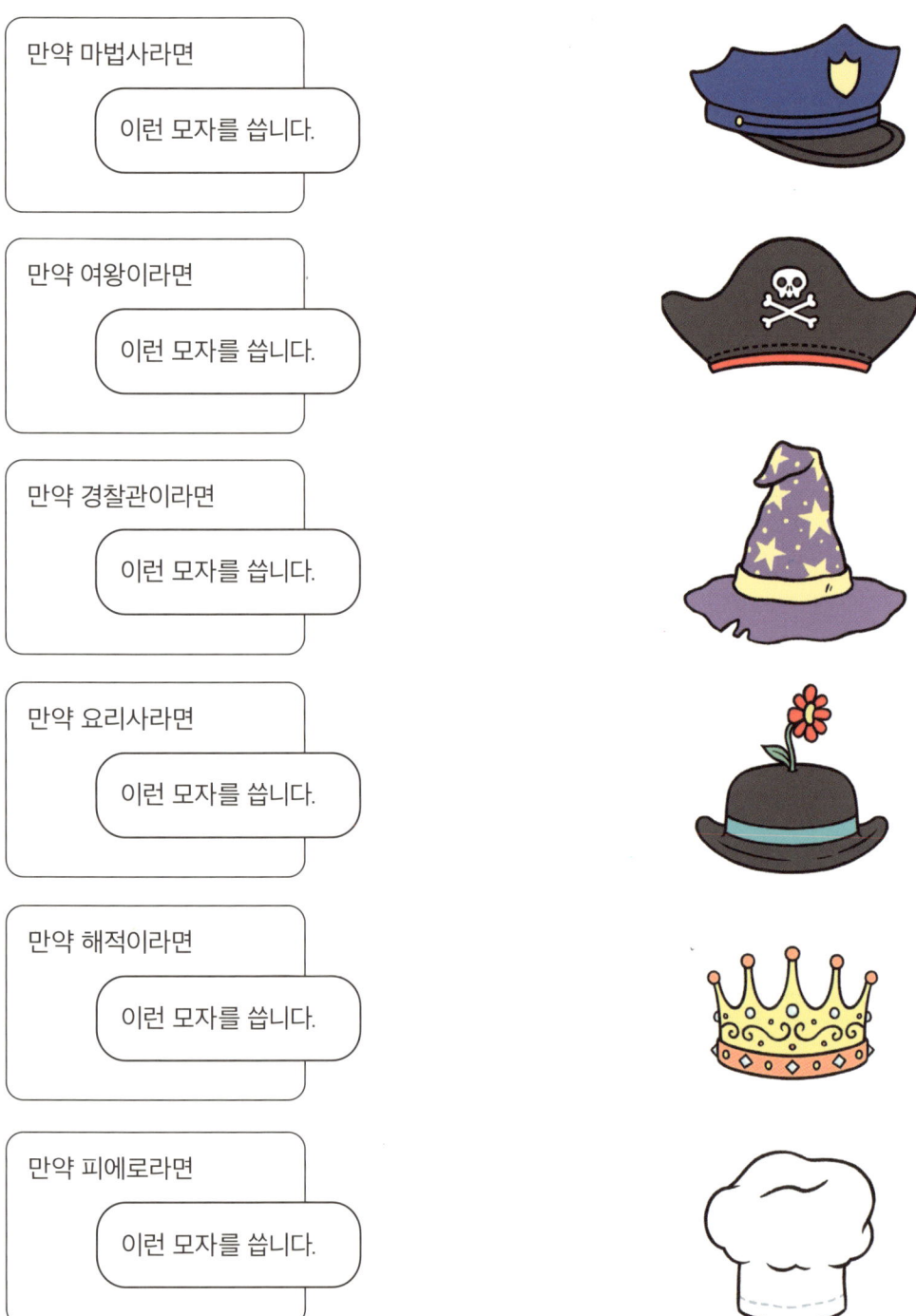

만약 마법사라면 이런 모자를 씁니다.

만약 여왕이라면 이런 모자를 씁니다.

만약 경찰관이라면 이런 모자를 씁니다.

만약 요리사라면 이런 모자를 씁니다.

만약 해적이라면 이런 모자를 씁니다.

만약 피에로라면 이런 모자를 씁니다.

동물 소리 알아맞히기

▶ 로봇 강아지 스폿이 다른 동물의 언어를 할 줄 안다는 사실을 알고 있나요? 각 동물에 맞는 소리를 빈칸에 적어 보세요.

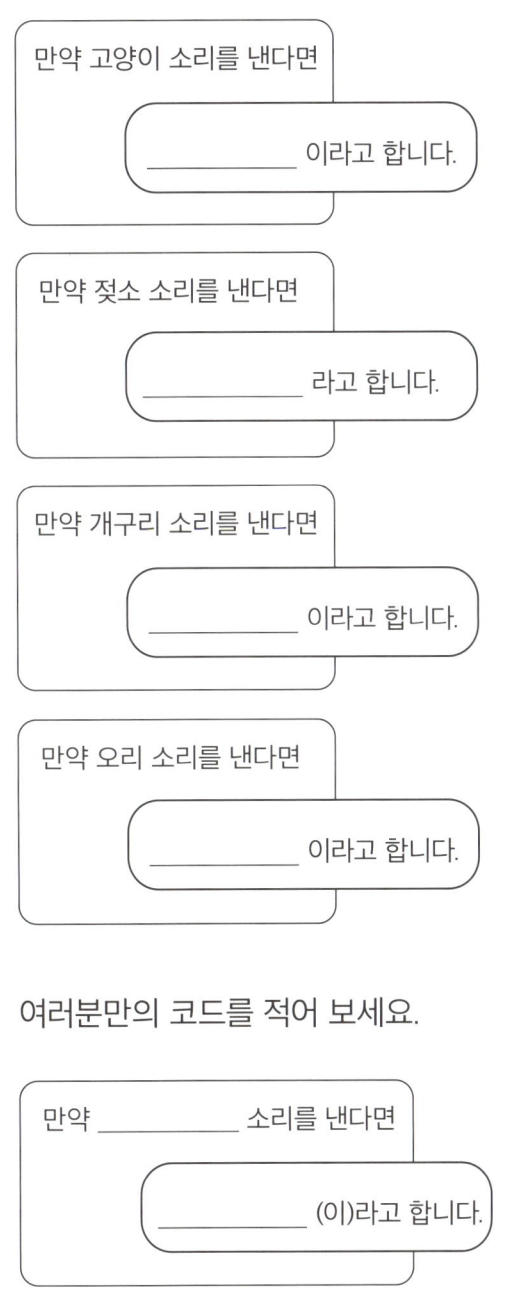

만약 고양이 소리를 낸다면
＿＿＿＿＿ 이라고 합니다.

만약 젖소 소리를 낸다면
＿＿＿＿＿ 라고 합니다.

만약 개구리 소리를 낸다면
＿＿＿＿＿ 이라고 합니다.

만약 오리 소리를 낸다면
＿＿＿＿＿ 이라고 합니다.

여러분만의 코드를 적어 보세요.

만약 ＿＿＿＿＿ 소리를 낸다면
＿＿＿＿＿ (이)라고 합니다.

동전을 던지고 깡충!

▶ 재미있는 코드로 깡충 달리기를 해 보세요.

준비물 :
테이프나 털실, 혹은 끈
2명 이상의 친구
동전

놀이 방법 :
1. 테이프나 털실, 끈 등으로 바닥에 출발선과 결승선을 표시한다.
2. 모두 출발선에 선다. 첫 번째 사람이 동전을 던진다. 만약 동전의 앞면이 나오면, 한 발로 두 번 깡충 뛰어 앞으로 간다. 만약 동전의 뒷면이 나오면, 한 발로 한 번 깡충 뛰어 뒤로 간다. 그리고 동전을 다음 사람에게 준다.
3. 모든 사람이 한 번씩 동전을 던졌으면 다시 첫 번째 사람부터 시작한다. 결승선에 가장 먼저 도착하는 사람이 이긴다.

레벨 업

▶ 이제 조건문이 무엇인지 알았으니 여러분만의 아이디어를 아래 빈칸에 작성해 보세요. 주사위를 가지고 함께 게임을 할 친구를 찾아보세요. 친구와 함께 1부터 6까지 각 숫자에 재미있는 조건문을 만들어 보세요. 예를 들어,

만약 1이 나오면

닭처럼 팔을 퍼덕거린다.

아래 공간에 코드를 작성하고 번갈아 게임을 해 보세요.

또 다른 조건문 아이디어를 적어 보세요.

만점짜리 최적화

최적화란 가능한 한 모든 과정을 쉽고 빠르게 만드는 것을 뜻합니다. 코드로 문제를 해결하는 방법은 무궁무진하지만, 어떤 방법은 다른 방법보다 더 빠르거나 좋을 수 있습니다. 훌륭한 코더는 자신의 코드가 잘 동작하게 만들기 위해 '최적화'를 합니다. 최적화의 방법은 불필요한 코드 단계를 없애는 것이지요. 코드를 더 짧게 만들면 프로그램도 더 빠르게 동작합니다. 컴퓨터 게임을 실행시켰을 때 오랫동안 기다려 본 경험이 있다면, 최적화가 얼마나 중요한지 알 거예요.

설거지 당번

미로 속 당근 찾기

▷ 배고픈 토끼 두 마리가 당근을 먹고 싶어 해요. 네모 칸을 가장 적게 밟아 당근에 도착하는 토끼가 먼저 먹을 수 있어요.

어떤 토끼가 먼저 당근을 찾았나요?

뼈다귀 탐정

▶ 로봇 강아지 스폿이 뼈다귀를 가장 빨리 찾을 수 있는 출발점은 몇 번일까요?

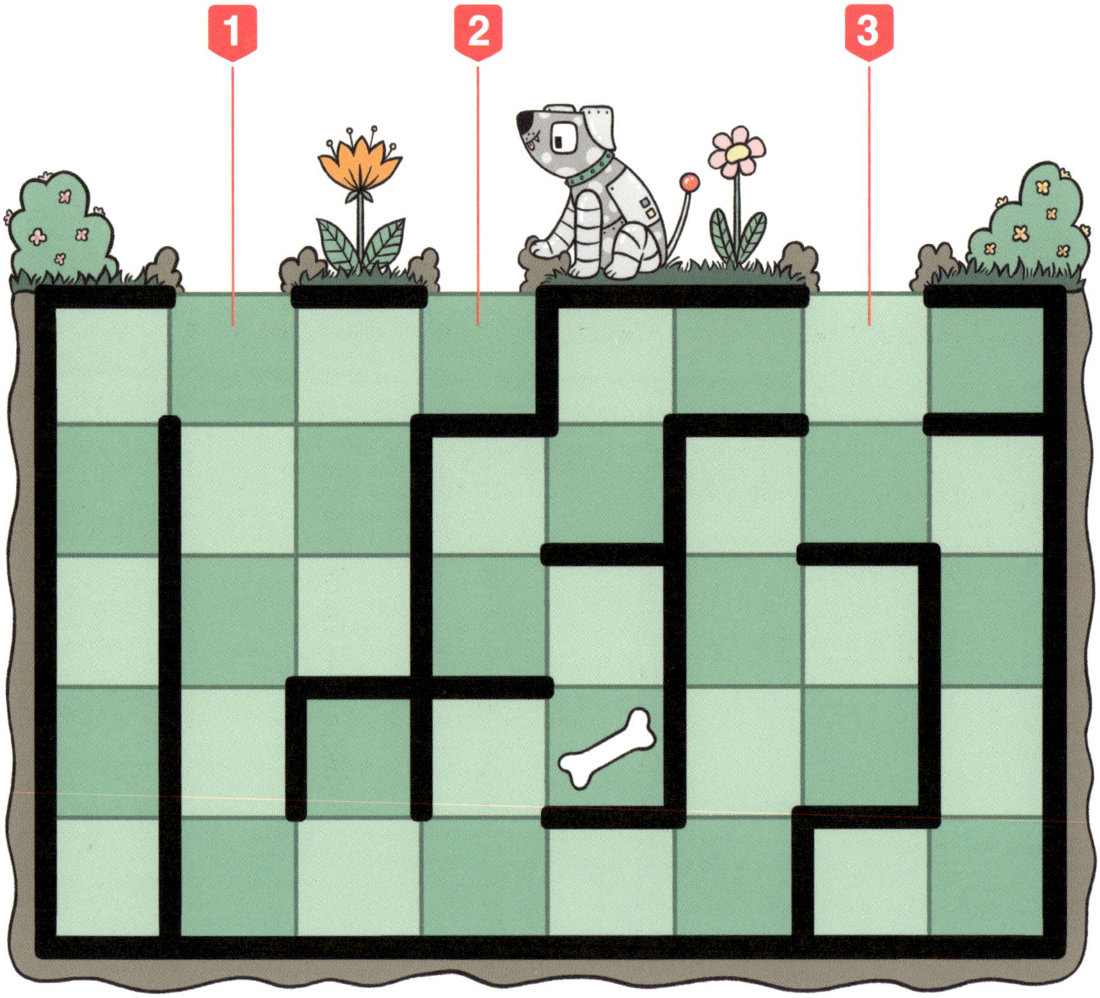

스폿은 몇 번째 구멍으로 들어가야 할까요?

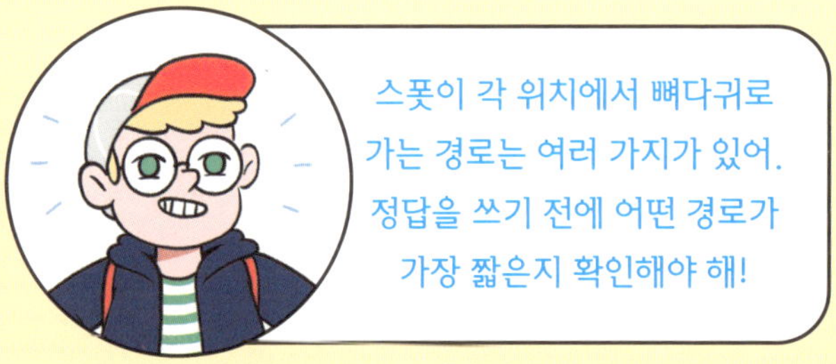

스폿이 각 위치에서 뼈다귀로 가는 경로는 여러 가지가 있어. 정답을 쓰기 전에 어떤 경로가 가장 짧은지 확인해야 해!

암벽 등반

▶ 픽셀은 암벽 등반을 좋아합니다. 가장 빠르게 정상에 오를 수 있는 경로는 무슨 색인가요? 가장 적은 핸드홀드*를 사용해 정상에 오를 수 있는 경로를 찾아보세요!

*암벽 등반에 사용되는 손잡이

어떤 색의 경로가 가장 빠른가요?

소풍 가는 길

▶ 엘이 소풍 도시락을 준비하는 것을 도와주세요. 음식을 모두 모을 수 있는 가장 빠른 길을 찾아보세요.

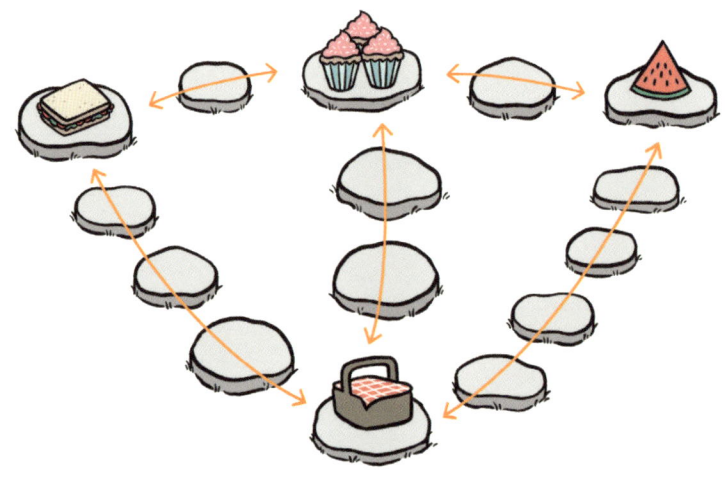

1번 길

바구니에서 샌드위치로	_____ 걸음
샌드위치에서 바구니로	_____ 걸음
바구니에서 컵케이크로	_____ 걸음
컵케이크에서 바구니로	_____ 걸음
바구니에서 수박으로	_____ 걸음
수박에서 바구니로	_____ 걸음
합계	_____ 걸음

2번 길

바구니에서 샌드위치로	_____ 걸음
샌드위치에서 컵케이크로	_____ 걸음
컵케이크에서 수박으로	_____ 걸음
수박에서 바구니로	_____ 걸음
합계	_____ 걸음

어떤 길이 가장 빠른가요?

_____

각 경로의 걸음 수를 더해서 걸음의 총합계를 구하면 돼.

보석 수집

▶ 엘이 광산에서 다이아몬드를 모으도록 도와주세요. 코드를 최적화하기 위해 루프를 사용하세요.

코드 1

← ← ↑ ↑ ↑ ← ↑

코드 2

루프 ___ 회
←

루프 ___ 회
↑

←

↑

어떤 코드가 최적화 되었나요?

_____

택배 배송 놀이

▶ 친구와 바깥에서 할 수 있는 재미있는 최적화 놀이입니다. 누가 가장 많은 물건을 가지고 결승선을 통과하는지 확인해 볼까요? 아래에 있는 준비물은 예시일 뿐이에요. 다양한 모양과 크기, 무게의 물건들을 준비해 보세요. 부서지거나 깨질 위험이 있는 물건은 가져오지 않습니다. 각 물건은 2개씩 있어야 해요. 하나는 여러분 것이고, 다른 하나는 친구를 위한 거예요.

준비물 (각 2개씩) :

- 농구공이나 축구공과 같은 공
- 탁구공
- 프라이팬
- 풍선
- 책
- 신발
- 빈 상자
- 테니스 라켓
- 빈 페트병
- 털실이나 작은 깃발, 혹은 결승선을 표시할 수 있는 것

놀이 방법 :

1. 양쪽으로 같은 물건을 쌓는다. 하나는 내 것이고, 하나는 친구의 것이다.
2. "준비, 시작!"을 외치면 결승선 너머에 물건들을 옮기기 위해 달린다. 최소한으로 움직이면서 물건을 모두 옮기기 위한 최적화를 사용한다.

레벨 업

▶ 이제 최적화가 무엇인지 알았으니 여러분만의 아이디어를 아래 빈칸에 작성해 보세요. 하나의 원을 사용하여 돼지를 그리거나 하나의 삼각형만을 사용하여 물고기 그림을 그려 보세요. 모양과 선을 최소로 사용해요.

또 다른 최적화 아이디어를 적어 보세요.

즐거운 디버깅

코더는 코드 속 실수를 '버그'라고 부릅니다. 우리말로는 벌레라는 뜻이죠. 버그가 있는 코드는 여러분이 생각한 대로 작동하지 않을 거예요. 아예 작동하지 않을지도 모릅니다.

코더가 버그를 고치는 것을 '디버깅'이라고 부릅니다. 디버깅을 잘하기 위해서는 잘못된 부분을 예리하게 찾아내야 합니다. 때로는 여러분이 직접 논리적으로 작동하지 않는 이유를 생각해야 하지요. 디버깅은 재미있는 활동이지만, 훈련이 필요합니다. 코딩을 많이 알수록 버그를 찾아내고 고치는 것도 더 잘할 수 있답니다.

버그의 버그

다른 그림 찾기

▶ 디버깅을 잘하는 사람은 다른 사람들이 놓치기 쉬운 실수를 발견하는 데 뛰어납니다. 첫 번째와 두 번째 사진에서 다른 점을 세 가지 찾아보세요.

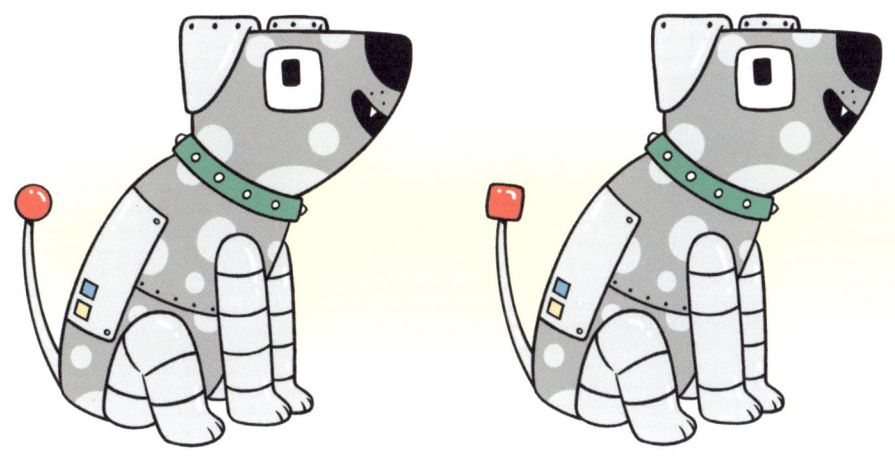

▶ 다른 민달팽이와 다르게 생긴 민달팽이를 찾아보세요. 다른 부분을 찾아 동그라미를 그려 주세요.

로봇의 버그

▶ 로봇들 사이에 숨은 버그를 찾아보세요.

코더는 버그 같이 잘 보이지 않는 것을 찾아내는 데 뛰어난 사람이야.

눈사람 로봇

▶ 여러분은 순서가 뒤섞인 것을 바로잡는 데 뛰어난가요? 이런 능력은 디버깅에 아주 큰 도움이 됩니다. 아래 버그가 만드는 눈사람 그림을 보고 올바른 순서를 맞춰 보세요. 각 빈칸에 숫자를 써넣으면 됩니다.

화난 고양이를 피해라

▶ 로봇 강아지 스폿이 공원의 반대쪽으로 넘어가려고 해요. 하지만 화가 난 고양이 옆 칸으로는 지나갈 수 없답니다. 아래 코드는 버그가 있습니다. 버그를 찾아 고칠 수 있나요?

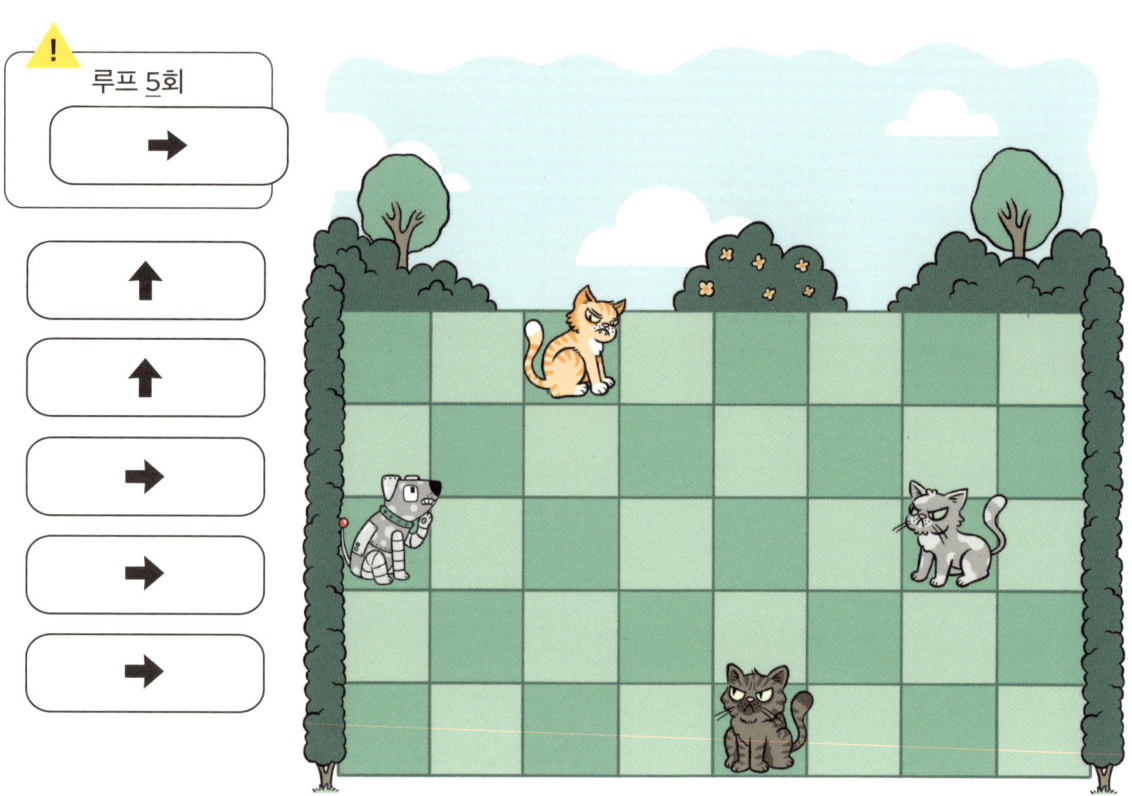

코드의 버그 부분을 동그라미 치세요. 무엇이 문제일까요?

용암 건너기

▶ 픽셀은 가끔 침실 바닥이 용암이라 생각하고 건너는 놀이를 합니다. 용암에 빠지지 않고 돌다리를 건너 안전하게 반대편으로 넘어갈 수 있도록 코드를 수정해 보세요.

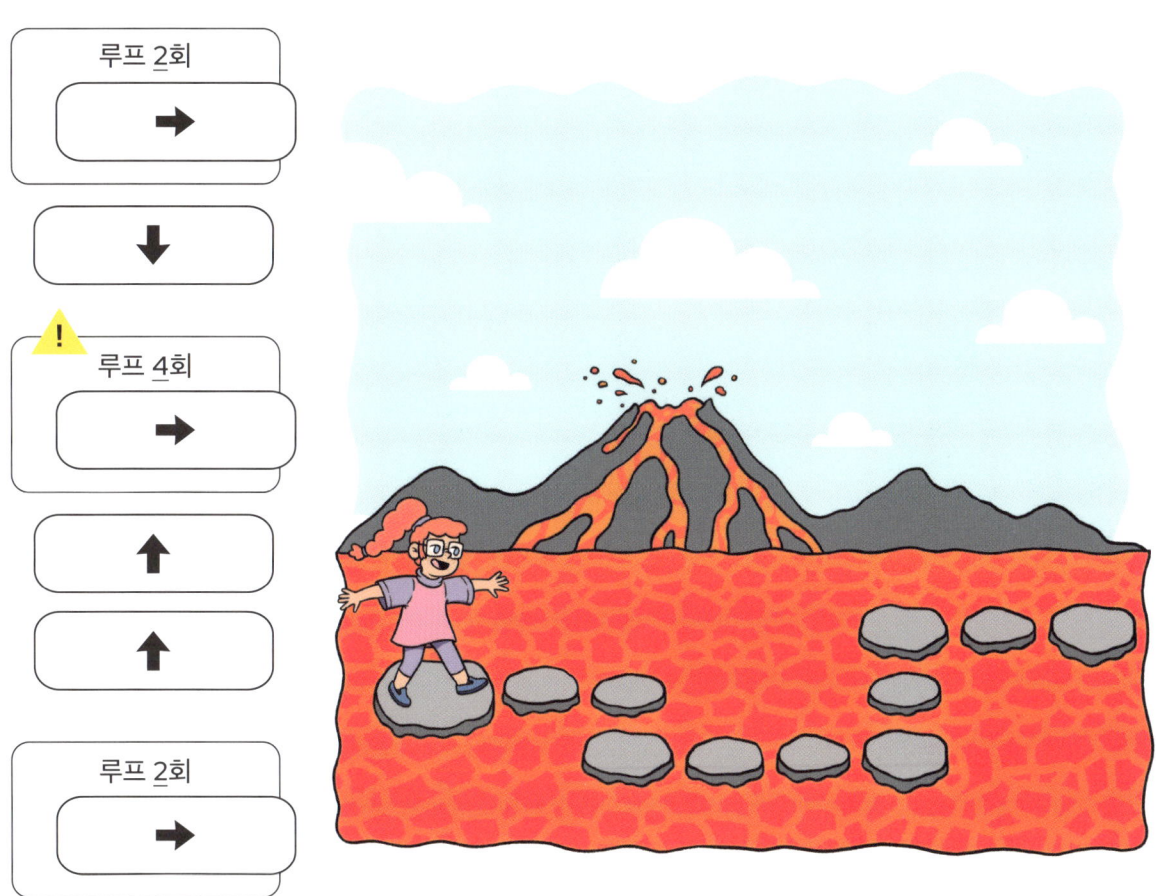

코드의 버그 부분을 동그라미 치세요. 무엇이 문제일까요?

동전 코드

▶ 이 게임에서 여러분은 친구가 따라 할 코드를 작성해 보세요. 알고리즘과 디버깅 기술을 배우는 좋은 방법이기도 합니다.

준비물 :

동전 16개

종이 1장

연필

놀이 방법 :

1. 화살표(➡, ⬅, ⬆, ⬇)만을 사용하여 동전 5개를 가로, 세로로 따라가며 네모를 그리는 알고리즘을 작성한다.
2. 번갈아 코드를 작성하고 친구와 함께 알고리즘을 따라간다. 코드가 잘 작성되었는지 확인하고, 그렇지 않다면 버그를 찾아서 수정한다.
3. 숫자나 알파벳을 그리는 코드를 작성하고 버그를 찾아 수정한다.

코드 작성

레벨 업

▶ 이제 디버깅이 무엇인지 알았으니 여러분만의 디버깅 놀이를 아래 빈칸에 작성해 보세요. 현관에서 주방으로 걸어가는 방법을 설명하는 알고리즘을 작성해 보세요. 단 코드에 버그 한두 개를 포함해야 합니다. 친구가 여러분의 코드를 디버깅 할 수 있는지 함께 확인해 보세요.

또 다른 디버깅 게임 아이디어를 적어 보세요.

가장 중요한 변수

코딩에서 변수란 여러분이 바꿀 수 있는 것을 말합니다. 변수를 하나의 상자라고 생각해 볼게요. 상자에는 여러 가지 다양한 물건을 담을 수 있습니다. 오늘은 사과를 상자에 담았지만 내일은 오렌지를 담을 수도 있겠죠. 상자에 담는 물건이 달라진다는 뜻입니다.

만약 여러분이 일곱 살이라면, "몇 살이니?"라는 질문을 받았을 때 "일곱 살입니다."라고 대답할 것입니다. 하지만 사람은 계속 자라기 때문에 나이도 결국은 변수이지요. 내년에 같은 질문을 받는다면 그때는 "여덟 살입니다."라고 말할 겁니다.

코딩 용어로 변수는 변경될 가능성이 있는 것을 뜻합니다. 변수는 항상 이름과 값이 있습니다. 위 예에서, 변수의 이름은 나이이고 값은 숫자 7이겠지요. 항상 변하는 또 다른 것이 있는지 생각해 볼까요?

픽셀의 마술

가장 좋아하는 변수

▶ 모든 변수는 이름이 있고 값이 있습니다. 각 변수의 이름을 보고 빈칸을 채워 보세요.
여러분이 가장 좋아하는 것은 무엇인가요? 각 변수의 이름마다 값을 적어 보세요.

변수 이름　　　　　　　　**값**

가장 좋아하는 음식　=　_____

가장 좋아하는 음료　=　_____

가장 좋아하는 색깔　=　_____

가장 좋아하는 동물　=　_____

가장 좋아하는 게임　=　_____

가장 좋아하는 영화　=　_____

가장 좋아하는 노래　=　_____

가장 좋아하는 책　=　_____

등호를 사용해 각 변수에 값을 넣을 수 있어.

가장 중요한 변수

롤러코스터

▶ 롤러코스터를 완성해 보세요. 첫 번째 예시는 그려 두었습니다.

봉우리의 수 = 1

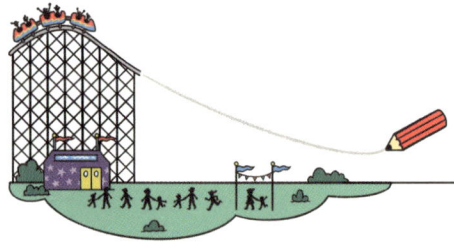

봉우리의 수 = 4

봉우리의 수 = 2

봉우리의 수 = 3

픽셀의 창고

▶ 픽셀은 물건을 수집하는 것을 좋아해요. 픽셀이 수집한 물건이 각 몇 개씩 있는지 세어 보세요. 코딩 용어로 말하자면, 각 변수 이름별로 값을 찾아 주세요.

라바 램프* = _____   스케이트보드 = _____   새집 = _____
(변수 이름)   (값)

* 내부에 액체가 들어 있어 오묘한 빛을 만들어 내는 조명

아이스크림콘 그리기

▶ 첫 번째 아이스크림처럼 아래에 적힌 값을 보고 아이스크림콘을 그려 보세요.

스쿱* 수 = 1　　**스쿱 수 = 2**　　**스쿱 수 = 3**　　**스쿱 수 = 2**

색깔 = 분홍　　색깔 = 파랑　　색깔 = 초록　　색깔 = 갈색

* 동그랗게 떠내는 숟가락

가장 좋아하는 아이스크림콘을 그려 보세요.

스쿱 수 = _____

색깔 = _____

변수 이름 짓기

▶ 각 칸에 그려진 세 개의 그림은 비슷해 보이지만, 다른 점이 있습니다. 변수 이름을 적어 보세요.

변수를 사용한 꽃 만들기

▶ 변수를 사용하여 각 꽃잎의 색깔을 정하여 종이꽃을 만들어 보세요. 꽃을 여러 개 만들고 나면 모든 꽃이 다른 색깔일 거예요!

준비물 :
연필
병뚜껑
색이 다른 색종이 6장
가위
풀
주사위

놀이 방법 :

1. 병뚜껑을 색종이에 대고 그린 후 병뚜껑보다 조금 더 큰 타원 모양을 종이에 그린다. 원과 타원을 자른다. 원 모양은 꽃의 중심부 암술로 만들고 타원은 꽃잎 모양으로 만든다.

2. 잘라낸 타원을 사용해 다른 색깔 6장도 똑같은 모양으로 자른다. 색깔별로 타원 3장씩을 가지고 시작한다. 필요하다면 더 많이 자른다.

3. 주사위의 숫자마다 서로 다른 색깔을 대입한다.

예

주사위 숫자	꽃잎 색깔
1	빨간색
2	주황색
3	노란색
4	초록색
5	파란색
6	보라색

자신만의 색깔 표를 만들어 보세요.

주사위 숫자	꽃잎 색깔
1	
2	
3	
4	
5	
6	

4. 주사위를 굴려 나온 숫자를 확인한다. 꽃의 암술 부분 숫자에 해당하는 색깔의 꽃잎을 붙인다.

5. 다시 주사위를 던져 다음 색깔을 확인한다. 계속해서 이전에 붙인 꽃잎의 오른쪽에 붙인다.

6. 6장의 꽃잎이 붙을 때까지 4번과 5번 단계를 반복한다. 꽃잎의 색깔은 변수이기 때문에, 만들 때마다 다른 색깔의 꽃을 만들 수 있다.

만약 색종이가 없다면, 흰 종이를 준비해서 색칠하면 돼.

물건 찾기 놀이

▶ 집 근처에서 물건 찾기 놀이를 해 봅시다. 아래 목록을 사용하여 변수에 해당하는 어떤 '물건'을 찾아보세요.

변수	값
파란색 물건	
향기 나는 물건	
상점에서 값을 계산할 때 사용하는 물건	
부서진 물건	
나무에서 떨어진 물건	
초록색 물건	
시끄러운 소리를 내는 물건	
빛나는 물건	
노란색 물건	

레벨 업

▶ 이제 변수가 무엇인지 알았으니 여러분만의 활동을 아래 빈칸에 작성해 보세요.

생일이나 휴일과 같은 특별한 날까지 며칠이나 남았는지 세어 봅시다. 동전이나 젤리, 주사위처럼 작은 물건을 준비해 남은 날 수만큼 세어 통 안에 넣습니다. 코딩 용어로 그 통의 변수 이름은 '남은 날짜 수'가 될 것이고, 그 값은 '통 안에 남아 있는 물건의 수'가 되겠지요. 매일 여러분은 통에서 물건을 하나씩 꺼냅니다. 특별한 날에 가까워질수록, 통 안에 든 물건의 수도 점점 줄어듭니다. 특별한 날을 골라 아래에 적어 보세요. 그때까지 며칠이나 남았나요?

특별한 날	날짜

▶ 또 다른 변수를 활용한 아이디어를 적어 보세요.

정답 및 해설

놀라운 알고리즘
....

달콤한 코드
블루베리 파이

카우보이가 될 테야!
⬇︎⬇︎➡︎⬅︎⬅︎⬅︎⬆︎⬆︎

단어 퍼즐
Coder Crew Rocks!
(코더 팀은 최고지!)

옷이 엉망이잖아!
알고리즘 3

코드 연결
별 모양

수많은 루프
....

코드 달리기
버그

루프 속 말장난
루프 3회, 루프 1회

장난감 찾기
2, 2, 2, 2

잔디 깎기 루프
루프 5회
루프 2회
루프 4회
루프 2회

반복되는 신호등

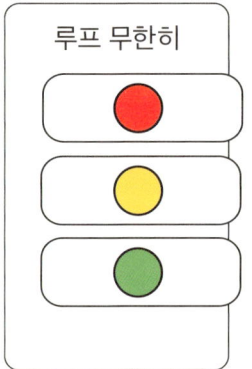

신호등은 자동차가 서로 충돌하지 않게 도와줍니다.

창의적인 조건문
....

이모티콘 코드

 =

 =

 =

이름 짓기 게임
지크, 래리, 게리

조건에 따른 색칠하기

모자 연결하기

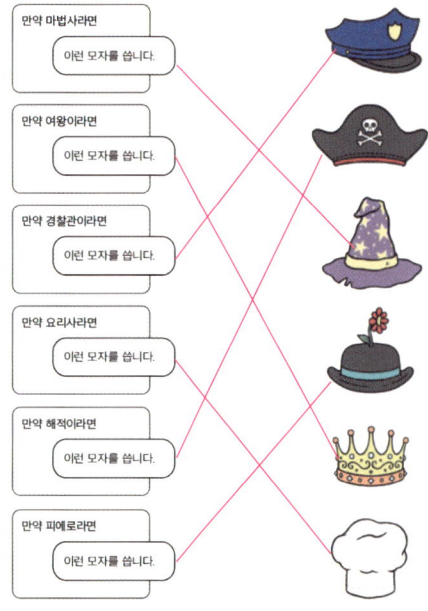

동물 소리 알아맞히기
야옹
음매
개굴개굴
꽥꽥

만점짜리 최적화

미로 속 당근 찾기
갈색 토끼

뼈다귀 탐정
3번

암벽 등반
보라색

소풍 가는 길
2번

보석 수집
루프 2회
루프 3회
코드 1은 코드 상자 7개를 사용했고, 코드 2는 코드 상자 4개를 사용했습니다. 따라서 코드 2가 최적화되었습니다.

즐거운 디버깅

다른 그림 찾기

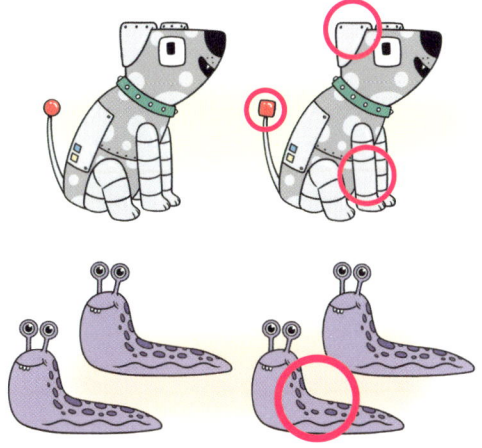

로봇의 버그

눈사람 로봇

3, 2, 1, 4

화난 고양이를 피해라

첫 번째 화살표가 5회가 아니라 4회 반복되어야 합니다.

용암 건너기

두 번째 루프가 4회가 아니라 3회 반복되어야 합니다.

가장 중요한 변수

롤러코스터

봉우리의 수 = 4

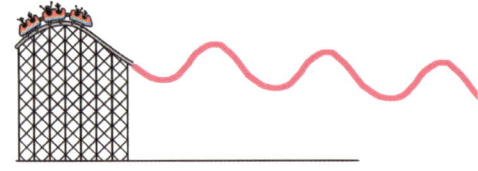

봉우리의 수 = 2

봉우리의 수 = 3

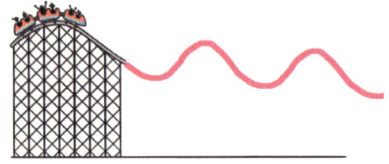

픽셀의 창고

라바 램프=3, 스케이트보드=4, 새장=4

아이스크림콘 그리기

변수 이름 짓기

크기, 개수, 모양, 색깔

코딩 용어 사전

논리 : 한 가지 문제에 여러 가지 가능한 해결책을 떠올려 보고 가장 좋은 것을 선택하는 과정.

디버깅 : 코드 속 버그나 실수를 고치는 일.

루프 : 무언가를 반복하고 싶을 때 사용하는 특별한 종류의 코드.

명령 : 코드에서 하나의 단계.

버그 : 코드 속 실수.

변수 : 단어나 숫자와 같은 정보를 저장하는 코드. 변수는 이름과 값을 가진다.

알고리즘 : 단계별로 해결할 수 있는 명령의 집합.

조건문 : 어떠한 일이 발생했을 때 다른 일이 발생하도록 하는 코드의 종류.

최적화 : 필요 없는 단계를 줄여 더 좋은 코드를 만드는 일.

컴퓨터 : 숫자, 단어, 소리, 영상 등의 정보를 활용할 수 있게 만들어 주는 강력한 도구.

코드 : 컴퓨터에게 할 일을 알려 주는 명령.

패턴 : 계속해서 반복되는 어떤 것.

참고 자료 : 코딩합시다!

이 책은 여기에서 끝났습니다. 이제 앞으로의 코딩 여정은 여러분에게 달렸습니다. 계속해서 코딩을 배울 방법은 여러 가지가 있습니다. 그중 몇 가지만 소개해 드리겠습니다.

스크래치 주니어 ScratchJr는 애플과 안드로이드 스마트폰 혹은 태블릿에서 사용할 수 있는 애플리케이션입니다. 여러분과 같이 창의적인 생각을 하는 어린이들을 위해 만들어졌죠. 움직이는 영상을 만들거나, 이야기를 들려주거나, 게임을 만들 수도 있습니다.

스크래치 Scratch는 스크래치 주니어와 형제 같은 애플리케이션입니다. 9~17세 어린이를 위해 설계되었으며 심화한 코딩 블록을 사용합니다. 스크래치는 사용하기 쉽지만 할 수 있는 일은 무궁무진합니다. 스크래치는 아이들이 자신을 창의적으로 표현할 수 있도록 돕고, 대형 온라인 커뮤니티의 다른 사람들에게 배우기도 합니다. 스크래치는 Scratch.mit.edu에서 만나 볼 수 있습니다.

Code.org는 웹사이트로 나이에 상관없이 코딩하는 방법을 배울 수 있는 곳입니다. 코딩 미션 이벤트를 만든 곳이기도 하지요. 코딩 미션 이벤트는 매년 진행되며 세계에서 가장 큰 교육 행사랍니다. 유치원부터 고등학생까지 참여할 수 있는 온라인 교육을 제공합니다.

라즈베리파이 재단은 어린 코더들에게 유용한 자료입니다. 라즈베리파이 재단은 코딩이 모든 사람을 위한 것이라는 아이디어를 바탕으로 약 4만 원에 구입할 수 있는 컴퓨터를 출시했습니다. 웹사이트에는 코딩을 가르쳐 주는 교육이 있고 또 다른 재미있는 프로젝트들이 있습니다. RaspberryPi.org에서 확인할 수 있습니다.

놀면서 저절로 알게 되는 어린이 코딩 개념
컴퓨터 없이도 술술 깨치는 코딩 원리

발행일 2022년 3월 31일
펴낸곳 유엑스리뷰
발행인 현호영
지은이 랜디 린
옮긴이 권보라
편 집 이양이
주 소 서울시 마포구 백범로 35, 서강대학교 곤자가홀 1F
팩 스 070.8224.4322
이메일 uxreviewkorea@gmail.com

ISBN 979-11-92143-23-1

CODING CONCEPTS FOR KIDS
Copyright © 2020 Callisto Media, Inc.
First Published in English by Rockridge Press,
an imprint of Callisto Media, Inc.
Korean translation copyright © 2022 by UX Review

이 책의 한국어판 저작권은 대니홍 에이전시를 통한 저작권사와의 독점 계약으로 유엑스리뷰에 있습니다. 신저작권법에 의해 한국 내에서 보호를 받는 저작물이므로 무단전재와 복제를 금합니다.

파본은 구매처에서 교환하여 드립니다.